Michael Felske

10 Minuten-Aktivierung

Kleine Stücke für das Spiel mit großen Handpuppen

Bibliografische Information der Deutschen Nationalbibliothek:
Die Deutsche Nationalbibliothek verzeichnet diese Publikation in der Deutschen Nationalbibliografie; detaillierte bibliografische Daten sind im Internet über http://dnb.dnb.de abrufbar.

Fotos: **Franka Felske, Michael Felske**

Herstellung und Verlag: BoD – Books on Demand, Norderstedt

ISBN: 978-3-744809948

Auf dem Buchumschlag und im Buch selbst sind Puppen folgender Marke abgebildet: Living Puppets ® / Matthies Spielprodukte GmbH & Co. KG – 21033 Hamburg.

Inhaltsverzeichnis

Vorwort
Wie der Autor auf diese Idee kam

Professionelles Puppenspiel für Kinder und Jugendliche war lange Jahre mein Beruf. Mit meinem eigenen Theater zog ich durch die Lande und unterhielt meine Zuschauer auch mit pädagogischen Themen. Nach einigen Wandlungen beruflicher Natur geriet ich als Arbeitsvermittler und -berater in Kontakt mit dem Berufsfeld Betreuungskraft nach § 53c. Hier bekam ich zu spüren wie gewaltig die Nachfrage seitens der Seniorenheime nach MitarbeiterInnen und wie enorm der Bedarf an sinnvollen Beschäftigungsmöglichkeiten für SeniorInnen war und auch heute noch ist. Dies gilt bekanntlich ja ganz besonders für den Bereich der Demenzerkrankung. Dieses Thema hat mich regelrecht gepackt: Ich habe recherchiert, gelesen, zahlreiche Gespräche mit Pflegenden, Erkrankten und Angehörigen geführt und war mir dann ganz sicher: Meine damaligen Berufserfahrungen und die bestehenden Bedürfnisse dieser Erkrankung lassen sich auf einen Nenner bringen. Und das war der richtige Weg.
Jetzt ist das kleine Büchlein fertig. Mir bleibt jetzt nur noch Ihnen viel Freude beim Lesen und Spielen zu wünschen. Nutzen Sie die Anregungen für die erfolgreichen 10-Minuten-Aktivierungen Ihrer Bewohner, Patienten oder Angehörigen!

Michael Felske

Aktivierung mit Puppen bei Demenz
Warum das Betroffenen richtig gut tut

„Die Handpuppe wird durch ihre Direktheit, im Kontakt mit dem Patienten, sein Innerstes aufschließen", schreibt der international bekannte Berufspuppenspieler P.K. Steinmann in seinem Buch „Die Theaterfigur auf der Hand." Dieser Satz führt kurz und knapp geradeaus ins Ziel: Apathie und Teilnahmslosigkeit sind Zustände, die bei Demenz bei vielen Erkrankten den Alltag dominieren. Puppen gegenüber – und dies trifft besonders auf Tierpuppen zu – wurde in fast allen Fällen beobachtet, öffnen sich die Menschen. Es handelt sich dabei um eine fantastische Möglichkeit eine Kommunikation zu gestalten, die vorher ohne Einsatz von Handpuppen nicht möglich war. So ergibt sich ein Zugang zum Bewusstsein. Große Handpuppen sind aus Stoff und haben ein Klappmaul sowie einen spielbaren Arm und spielbare Hand. Dies bedeutet: Es eröffnen sich dem Spieler/der Spielerin die weite Kommunikationsebene der Körpersprache mit der Puppe. Wie Sie sicherlich wissen läuft bei der herkömmlichen Kommunikation unter Gesunden der Löwenanteil der Kommunikation über Körpersprache ab. Bei Demenzerkrankten kommt diesem Kanal eine besonders große Bedeutung zu, denn die Mitteilung durch Sprache ist oftmals durch Wortfindungsstörungen erheblich beeinträchtigt. Ansprache durch Handpuppen erreicht die Menschen auf der Gefühlsebene und bietet so die perfekte „Bühne"

für Interaktion, die – wie das Wort schon sagt – die Menschen aktiviert. Svenja Forst berichtet im Forum für Ergotherapie bei Demenz www.ebede.net über den Einsatz von Tierhandpuppen in der Ergotherapie. Sie schreibt vom hohen Aufforderungscharakter der Handpuppen, die allerdings lebensecht gespielt werden müssten, damit es zu guten Ergebnissen und gewünschten Effekten kommen könne. Für Sie bedeutet das wie hier im Buch später beschrieben: Proben, Üben und nochmal Proben! Kleine Handpuppen schließt Forst für die Zielerreichung aus: „Kleine Handpüppchen aus dem Spielzeugladen können dem Betroffenen den Eindruck eines Kasperletheaters vermitteln, sodass er sich nicht ernst genommen fühlt."

Im Praxis-Test mit einer Labradorwelpen-Handpuppe, so Forst, „zeigten viele Demenzpatienten starke Emotionen wie Freude, Überraschung, Neugierde, Begeisterung und das Bedürfnis, Nähe zu der Puppe aufzubauen. Unsicherheit kam nur dann auf, wenn der Hund wild spielte. Niemals aber verspürten die Teilnehmer Abneigung oder Angst." Hier zeigt sich die große Bedeutung des Menschen, der die Puppe spielt. Einfühlsamkeit steht an erster Stelle: Der „Star" ist der Mensch, der von Ihnen aktiviert werden soll, und nicht der oder die SpielerIn. Jenseits von nonverbaler Kommunikation könne die Handpuppe, so Forst, möglicherweise auch als „Auslöser (…) eines biografischen Gesprächs funktionieren. Diese Autorin weist in ihrem Bericht auch noch darauf hin, dass die Beschaffenheit der Handpuppe eine

Rolle spiele: Kuschliges Fell z.B. fördere „die taktil-haptische Stimulation (…) und erhöht den Wachheits- und Aufmerksamkeitsgrad der Betroffenen." So entstehe eben einfach der Wunsch nach Handlung – die Menschen wollen die Puppe auch einmal anfassen und selbst spüren. Zusammen betrachtet erreichen die Handpuppen ein höheres Maß an Kommunikation, „funken" verstärkt auf der Gefühlsebene und erwecken Wünsche, die auch erfüllt werden. Meine Meinung dazu: Was will man mehr? Nutzen Sie Ihre Chance, proben Sie mit einer großen Handpuppe und verschaffen Sie den Menschen einen schönen Moment in Ihrem Alltag!

Die Therapiefrage
Begriff und Möglichkeiten

Wenn Sie bei einer Suchmaschine die Vokabel „Therapiepuppe" eingeben, dann finden Sie sofort Angebote für die großen Handpuppen, über die ich hier schreibe. Bloß: Ist dann das, was Sie mit Ihrer Puppe tun, automatisch auch eine Therapie oder im weitesten Sinne eine therapeutische Tätigkeit?

An dieser Stelle empfehle ich ein vorsichtiges und bedächtiges Argumentieren, will dabei megaselbstbewusste Schnellschüsse vermeiden. Ich verrate Ihnen auch, warum. „Therapie" stammt vom griechischen Wort „therapeia" ab. Es bedeutet Diener oder Pfleger. Wer eine Therapie für einen anderen macht, will ihm dienen, ihn pflegen –

kurz gesagt: er will ihm helfen. Dienen und Pflegen „ist etwas Langwieriges, Kontinuierliches. Wer also meint, dass therapeutisches Puppenspiel eine schnelle Hilfe für irgendein Leiden ist, der denkt (…) nicht an Therapie. (…) Unsinn ist es zu glauben, mit therapeutischen Puppenspiel könne man die Welt verändern", schreibt Barbara Scheel in ihrem Aufsatz „Arbeit mit Puppen, Figuren und Schatten – Sinn und Unsinn des therapeutischen und pädagogischen Puppenspiels" im Buch von Gudrun Gauda (Hg.) Puppen- und Maskenspiel in der Therapie.

Aktivierung mit großen Handpuppen kann aus meiner Sicht lediglich eine Methode, ein Teil einer entwickelten auf den einzelnen Menschen zugeschnittenen Therapie sein. Es ist ein Beitrag, den Alltag der Erkrankten schöner und abwechslungsreicher zu gestalten, wenn diese Methode regelmäßig und unter den Voraussetzungen, die im Folgenden näher beschrieben werden, mit Bedacht durchgeführt wird. Große Handpuppen sind nach meinem Dafürhalten nur dann Therapiepuppen, wenn sie auch im Rahmen einer Therapie eingesetzt werden. Anderenfalls sind es bloß niedliche, freundliche und hübsche Gesellen, die eine Zierde für jedes Bücherregal darstellen. Doch da sollten sie besser nicht wohnen. Bessere Vorschläge dazu lesen Sie weiter hinten in diesem Text.

10-Minuten-Aktivierung
Die Idee und der Begriff

Die sogenannte „10 - Minuten-Aktivierung" wurde von Ute Schmidt-Hackenberg Ende der 90er Jahre entwickelt. Sie stellt heute einen Standard in der Betreuungsarbeit von Demenzerkrankten dar.

Diese Methode setzt zur Erinnerungsarbeit vertrauter Gegenstände ein. Die Auswahl dieser ergibt sich aus der individuellen Lebensgeschichte der Dementen. In manchen Wohnanlagen wurden z.B. Räume mit Möbeln und Dekorationen aus der ehemaligen DDR eingerichtet, da einige Bewohner sich möglicherweise an diese Zeit erinnern könnten.

Generell lässt sich sagen, dass sich durch die mit den Patienten durchgeführte Biografiearbeit Rückschlüsse auf Gegenstände ergeben, die von früher bekannt sind. Da die mögliche Aufnahmefähigkeit von Demenzerkrankten äußerst begrenzt ist wird empfohlen, die Dauer der Aktivierung nicht über zehn Minuten hinaus auszuweiten. Die Beschäftigung mit vertrauten Gegenständen weckt Erinnerungen, ruft Gefühle hervor und schafft auf diese Weise ein bestimmtes Maß an Selbstsicherheit bei den Dementen. Hervorzuheben ist, dass diese Aktivierung regelmäßig, bestenfalls täglich, durchgeführt werden muss. Die zusammengestellten Gegenstände können in einer persönlichen Aktivierungskiste Platz finden. Sie sollten alle Sinne ansprechen.

10 Minuten-Aktivierung mit großen Handpuppen kann auch mehrere Sinne ansprechen, ruft Erinne-

rungen hervor, bezieht sich auf frühere Erlebnisse und weckt Emotionen. In diesem Sinne ist der Einsatz von Puppen in der Aktivierung äußerst zielführend.

Die Aktivierungs-Situation
Puppen, Bekleidung, Hintergrund und Technik

Große Handpuppen

 Mit Handpuppen sind in diesem Zusammenhang nicht die Figuren gemeint, die Sie von den Kasperlevorstellungen aus Ihren Kindertagen kennen. Sicherlich können Sie mit Figuren dieser Größe auch etwas bewirken, sie spielen aber an dieser Stelle keine Rolle. Der Sache auf die Spur kommen Sie, wenn Sie an Ernie, Bert und Krümelmonster aus einer beliebten Kinder-TV-Show denken. Bei diesen Gesellen handelt es sich um größere Klappmaulfiguren, die - wie es die Bezeichnung sagt - beim Sprechen ihren Mund bewegen können.

Große Handpuppen im Zusammenhang mit der 10-Minuten-Aktivierung sind ebensolche Klappmaulfiguren, ca. 60 cm groß mit spielbaren Händen. Die Größe im Vergleich zum Menschen erkennen Sie unschwer auf dem Foto oben. Bezugsquellen für große Handpuppen finden Sie im letzten Kapitel.

Für Sie als SpielerIn sieht der Einstieg wie folgt aus: Puppe kaufen, Puppe kennen lernen,

Soziogramm für Puppe erstellen und proben, proben, proben…

Bekleidung der SpielerIn

Generell gilt: In besonderen Situationen tragen Menschen besondere Kleidung, die sich von der Alltagskleidung erheblich unterscheiden sollte. Bestes Beispiel sind die Vorstellungsgespräche, die man ja nicht im pinken Fleecepulli wahrnimmt. Als Märchenerzähler oder –erzählerin bietet sich Ihnen zum Beispiel Mittelalterbekleidung an. Hier finden Sie im Internet ausreichend und vielfältige Möglichkeiten. Klar, dass Sie sich auch selber z.B. einen Umhang oder Mantel schneidern können – es darf auch gerne ein goldenes Bekleidungsstück sein. Ich selbst bevorzuge weite bequeme Mittelalterhemden mit Gürtel und dazu passende Hosen. Am Gürtel können Sie zusätzlich die Erzählung unterstützende Requisiten befestigen.

Für die 10-Minuten-Aktivierung müssen Sie sich aus meiner Sicht nicht unbedingt in die schicke Theaterrobe werfen. Allerdings finde ich es prima, wenn Sie als Pfleger oder BetreuerIn nicht gerade im weißen Kittel mit Puppe auf dem Arm vor Ihrem Aktivierungs-Kandidaten aufkreuzen. Es fällt niemandem schwer gerade für diesen Zweck ein Bekleidungsstück zu wählen, das sich wie oben beschrieben von der Alltagskleidung abhebt. Die Menschen, die Sie aktivieren möchten, erkennen auch dadurch, dass etwas Besonderes passiert. Das hebt die Spannung und macht Ihnen deshalb auch noch den Einstieg leichter.

Brauchen Sie einen Hintergrund?

Sollten Sie den Versuch wagen und eine Veranstaltung mit mehreren Menschen als Publikum anbieten zu wollen, dann müssen Sie über einen möglichen Hintergrund nachdenken. In der Regel befinden Sie sich in einer echten Eins-zu-Eins-Situation in der Aktivierung und benötigen diesen nicht. Dennoch möchte ich Ihnen meine Erfahrungen dazu an dieser Stelle gerne weitergeben.

In mehr als zehn Jahren Veranstaltungs- und Spielerfahrung als Berufspuppenspieler und Unterhaltungskünstler habe ich Spielstätten und Veranstaltungsorte kennen gelernt, die unterschiedlicher nicht sein können. Von der Küche einer Kindertagesstätte über das Internationale Congress Centrum Berlin bis zum Olympiastadion war alles dabei. Absolute Flexibilität war hier ständig gefragt.

Bei bisweilen furchtbaren Umständen half mir stets ein kräftiges auf drei Meter ausfahrbares Stativ mit Fangmaul oben, das eine (Zelt-) Stange von bis zu vier Metern Breite fassen konnte. Die Stange war in der Breite variabel und trug einen schwarzen Hintergrundstoff von bis drei Metern Höhe. Somit war ich stets für alle Eventualitäten gerüstet und konnte so meinen Hintergrund an die jeweiligen Räumlichkeiten anpassen. So ganz nebenbei, und das war ja mein Hauptansinnen, sah es immer chic und ordentlich aus. Gestapelte Stühle, Turn-Utensilien und was auch immer die Räume so an Vielfalt boten, verschwanden hinter meinen Stoff.

Bei Auftritten im Rahmen der 10-Minuten-Aktivierung brauchen Sie ja keine große Bühne wie ich früher. Dennoch empfehle ich Ihnen ein Hintergrundsystem, das eigentlich für Fotografen gedacht ist. Es besteht aus zwei Stativen und einer Querstange/Traverse sowie den passenden Stoffen in drei Farben. Grün und weiß können Sie sicherlich für manche Fotoaufnahmen verwenden, der schwarze Stoff erfüllt genau den Zweck wie mein Theaterhintergrund früher. Die Kosten liegen bei bis zu 30 EURO – einfach mal bei Kleinanzeigenportalen nachschauen oder eine Suchmaschine befragen. Auch wenn Sie die Kontaktnähe zu Ihren Zuhörern halten, sich im Raum bewegen und auf sie zugehen – sie vielleicht sogar der jeweiligen Geschichte entsprechend berühren – ein aufgestellter Hintergrund ist aus meiner Sicht stets von Vorteil. Schließlich können Sie dahinter Ihre persönlichen Dinge verschwinden lassen. Alternativ setzen Sie sich gleich zu Beginn vor Ihr Publikum und verzichten generell auf einen Hintergrund.

Zu den Dingen, die Sie durch ein Hintergrundsystem kaschieren können, zähle ich auch die Alltags-Bekleidung resp. Alltags-Oberbekleidung.

Einsatz von Bühnentechnik

Haben Sie schöne Bühnenbekleidung und eine Puppe, die mit Ihnen die Aktivierung durchführt, dann ist es ganz besonders für den Anfang wichtig, dass Sie auch von allen gut gesehen werden. Sorgen Sie entweder für gute Beleuchtung im ganzen Raum oder nutzen Sie eigene Leuchten. Professionelle Bühnenscheinwerfer sind unheimlich teuer und für Sie nicht unbedingt erforderlich. Zur Beleuchtung reichen zwei Fotolampen mit Stativen meiner Erfahrung nach völlig aus. Investieren müssen Sie sicherlich bis zu 40 EURO, liegen damit aber bestimmt noch im schmerzfreien Bereich. Beachten Sie bitte die Sicherheit bei der Verlegung von Kabeln und der Aufstellung von Kabeltrommel und Mehrfachsteckdosen!

Puppen-Soziogramm erstellen

Sie erschaffen eine echte Persönlichkeit

 Sie werden die Sprache und Stimmlage Ihrer großen Handpuppe trainieren bis das Ergebnis sich hören lassen kann. Sie werden Gestik und Mimik proben bis sich das Ergebnis sehen lassen kann. Doch woher kommt bei alledem eigentlich Ihre Schlagfertigkeit? Die werden Sie nämlich brauchen. Wenn Sie bereits Kontakt zu Demenzkranken haben, dann wissen Sie ganz genau, dass Schlagfertigkeit bei manchen ungewöhnlichen

Antworten erforderlich sein wird. Besonders schwierig kommt hinzu, dass Ihre schlagfertigen Antworten unbedingt wertschätzend und zielführend bleiben müssen. „Frei Schnauze" wie vielleicht persönlich und privat tausendfach gelebt, kann keine Kommunikation im Rahmen der 10-Minuten-Aktivierung von Demenzkranken geführt werden. „Viele schlaue Worte. Doch wie soll das denn sonst funktionieren?" werden Sie jetzt vielleicht denken.

Die Antwort darauf ist recht einfach: Sie brauchen für Ihre Puppe unbedingt ein Soziogramm und eine Biografie. Aus diesen heraus werden Sie mit der Puppe fragen, antworten und erklären. Doch was bitte ist eigentlich ein Soziogramm? Wikipedia weiß dazu das: „Ein Soziogramm (lat. socius „Genosse", „Gefährte" und altgr. γράμμα grámma „Zeichen") ist die graphische Darstellung der Beziehungen in einer Gruppe, etwa in einer Schulklasse oder in einem Unternehmen. Diese Methode wurde von Jacob Levy Moreno entwickelt." In unserem gemeinsamen Arbeitszusammenhang brauchen wir sogar noch etwas mehr als das – Wir brauchen eine echte Persönlichkeit mit den sozialen Strukturen aus einem Soziogramm.

Nun ist es an der Zeit Ihre Puppe aus dem Versandkarton zu heben und mit ihr in Kontakt zu treten. Sie brauchen dann noch einen Notizblock und etwas zu schreiben. Am Beispiel meiner Puppe Kalle oben im Bild erläutere ich Ihnen gerne, worum es ab sofort geht. Führen Sie Ihre rechte oder linke Hand in das Maul der Figur und probieren Sie mit Ihrer Puppe zu sprechen. Bewegen

Sie den Kopf in Ihre Richtung und schauen Sie sich selbst mit Ihrer Puppe an. Jetzt beginnt Ihre eigentliche Arbeit. Fragen Sie sich, welchen Namen Ihre Puppe haben soll. Verlassen Sie sich dabei ein bisschen auf Ihr Bauchgefühl. Der Puppenname muss Ihnen gefallen, muss aber vor allem zur Puppe passen. Ein Beispiel: Meine erste Puppe habe ich „Kalle" genannt. Das habe ich für Kalle festgelegt:

Kalle ist zehn Jahre alt, Einzelkind, unternehmungslustig und stammt aus Berlin-Kreuzberg. In seinem jungen Alter hat er gemeinsam mit seinem Freund Atze bereits eine Menge erlebt. Er kennt zahlreiche andere Nationen und rund um den Viktoriapark auf dem Kreuzberg jeden Winkel. Sein größter Traum ist es endlich einmal in Urlaub zu fahren. Seine Eltern konnten es sich dies bisher nicht leisten. Der Vater ist Busfahrer, die Mutter arbeitet im Lebensmittelhandel. Außer Kalle und seinen Eltern lebt noch der vorwitzige Hund „Micki" mit im Haushalt. Gassi-Gehen übernimmt meist Kalle, da er so oft aus der Wohnung raus kommt. Wenn Kalle von anderen Menschen angesprochen wird, bleibt er meist freundlich, kann aber auch rasch sauer werden. Seine Berliner Schnauze ist dabei immer sprichwörtlich. Kalle mag Schokoladeneis, seine Klassenkameradin Maria aus der Nachbarschaft, Fahrradfahren, Fußball und Federball mit Maria. Gemeinsam mit Kumpel Atze gehört Kalle zu einer größeren Gruppe Kinder, die sich oft auf dem Spielplatz auf dem Kreuzberg treffen. Da Kalle um die Ecke wohnt und sich sicher und eigenständig als Fußgänger im Straßenverkehr bewegen kann, darf er alleine in den Park – es trennt Ihn davon nur ein Fußgängerüberweg mit Ampel. Die bestehende Kindergruppe ist relativ fest, wer dazu kommen möchte, muss eine Mutprobe überstehen. Kalle hat diese Prüfung auch geschafft – bloß verrät er bis heute nicht, was seine Aufgabe war. (Ich befürchte immer noch das Schlimmste.) Wenn Onkels und Tanten zu Besuch kommen, freut er sich auf die kleinen Geschenke. Ganz besonders hingerissen ist er von Schokolade und Gummibärchen. Großmutter und Großvater väterlicherseits sind bereits verstorben, die beiden anderen leben in Hessen. Deshalb telefoniert Kalle ab und zu mal mit ihnen, sieht sie aber selten – meist zu Weihnachten, wenn Papa nicht arbeiten muss. Seinen Busenfreund Atze sieht er jeden Tag in der Schule und immer nach den Hausaufgaben. Die haben beide immer schnell erledigt, denn „wozu muss ich alles daheim machen, wenn ich die schwierigen Sachen auch noch morgens in der Schule von anderen Schülern abschreiben kann", meint Kalle dazu. Atze sieht diesen Sachverhalt ebenso. Wie immer sich beide auch bei diesem Thema einig.

Soweit erst einmal. Wie Sie lesen, brauchen Sie die Persönlichkeitsmerkmale Ihrer Puppe. Dann, und nur dann sind Sie völlig frei in der Ausgestaltung Ihrer 10-Minuten-Aktivierung! Als Kalle kann ich über Essen, Freizeit, Mädchen, Schule, Eltern, Wohnen, Autos, Süßigkeiten, Lehrer, Nachbarn, Hobbies und noch vieles mehr reden, wenn es sein muss ohne Pause. Mit diesem Reservoir an Themen, mit diesem Sprachvorrat parlieren und aktivieren Sie perfekt. Doch jetzt bloß nicht denken „Das schaffe ich nie!". Sie fangen klein an, legen den Namen fest und schreiben Ihrer Puppe Persönlichkeitsmerkmale zu. Langsam, ganz langsam und bedächtig gehen Sie dabei bitte vor. Spielen Sie ein bisschen „Lieber Gott" und erschaffen Sie ein „Lebewesen" mit sozialen Strukturen (Verwandte/Freunde), Eigenschaften (artig/frech/liebenswert…)usw. Das schreiben Sie sich alles in Ihren Notizblock. Da Sie ja die Puppe noch auf der Hand haben (sollten), können Sie ja ganz einfach zum Thema erste Übungen machen. Die passende Stimme für Ihre Handpuppe trainieren Sie erst im kommenden Kapitel, aber so Fragen wie „Wie heißt dein Freund?" oder „Was für Süßigkeiten magst Du am Liebsten?" dürfen Sie Ihrer Puppe schon jetzt stellen. Die sollte die Puppe dann auch beantworten können.

Na? Ausprobiert? Geht doch. Sie merken schon: Übung ist hierbei alles, der Rest kaum etwas. Was Ihnen jetzt noch zum Puppenglück fehlt, ist die passenden Stimme. Denn den Namen haben Sie ja bereits.

Sprache und Stimmlagen
Es muss perfekt zur Figur passen

Erinnern Sie sich bitte einfach einmal zurück an Ihre Kindheit! Was hat
Ihnen beim Zuhören einer vorgelese-
nen Geschichte besser gefallen - der
stets gleichmäßige Klang der Stimme
von Mutti oder Vati - egal ob Wolf oder Großmutter sprechen - oder die Version von Onkel Oskar,
der dem Wolf eine furchterregende Stimmcouleur
verpasst hat, die Ihnen beinahe das Blut in den
Adern hat gefrieren lassen? Na? Spannender war
es doch eng an den Onkel gekuschelt das Schau-
dern und den Grusel der Geschichte zu überstehen
und mit zu fiebern wie es denn am Schluss aus-
geht, stimmt´s.

Genau diese Erkenntnis führt uns für Ihre Kar-
riere als Handpuppenspielerin oder Handpuppen-
spieler auf die richtige Fährte. Wollen Sie Ihre
Zuhörer fesseln und überzeugend wirken? Die Antwort lautet ganz bestimmt ja! Richtig und dennoch schade. Denn Sie können jetzt noch nicht
ungeduldig weiterblättern und sofort mit Ihren
Texten loslegen. Sie brauchen auch hinsichtlich
Stimme und Stimmlage einige Vorbereitungen, denn
beides muss immer zu der Puppe passen.

Also: Bitte legen Sie JETZT das Büchlein zur
Seite, stehen Sie auf, gehen Sie von mir aus im
Zimmer hin und her und überlegen Sie, welche
Stimme Sie Ihrer Handpuppe leihen wollen. Da
diese sich am meisten von Ihrer Stimme unter-
scheidet, wird dieses Vorgehen für Sie sicher-

lich am einfachsten sein. Probieren Sie aufrecht im Stehen, denn dann ist die Luftstütze für die Power in Ihrer Stimme am kräftigsten. Bei den verschiedenen Stimmen, die Sie gerade ausprobieren, hilft es Ihnen in die Rolle/das Soziogramm Ihrer Handpuppe zu schlüpfen. Seien Sie böse, hinterhältig und gemein. Sprechen Sie liebevoll und ausgesprochen freundlich. Erarbeiten Sie sich die Gefühle möglichst genau, denn so kommen Sie bestimmt schnell ans Ziel und finden neben Stimmlage auch die Stimmfärbung.

Wenn Sie die richtige Stimmlage für Ihre Puppe gefunden haben, dann üben Sie schnelle Wechsel von Ihrer eigenen Stimme zu der der Puppe. Ideal ist es, wenn Sie mit Ihrem Training bis zu einem Streitgespräch mit raschen Wechseln zwischen Ihnen beiden kommen. Nur dann sind Sie sicher und wirklich sattelfest!

Achten Sie bitte bei allen Übungen auf die Gesundheit Ihrer Stimme! Nun, denke ich, haben wir die wichtigsten Sachen bedacht: Es kann losgehen!

Mit der Puppe proben
Einführung in das Spiel mit großen Handpuppen

 Sicherlich ist Ihnen aufgefallen, dass die Hände Ihrer Puppe wie schlabbrige Handschuhe am Ende der Arme herum baumeln. Das hat einfache zwei Gründe: 1. Ihre Hand ist noch nicht in der Puppenhand und 2. Die andere Hand ist noch nicht mit Füllmaterial ausgestopft. Also: entscheiden Sie mit welcher Hand Sie den Kopf spielen. Dann wissen Sie auch, welche Hand die Puppenhand führt. Füllen Sie die übrig gebliebene andere Hand mit Füllwatte oder anderem Material das aber – Achtung – waschbar sein muss. Schließlich wird die Zeit auch Ihrer Puppe mitspielen und einen Waschvorgang erforderlich machen. Achten Sie dabei auf die Herstellerangaben zu diesem Thema. Wenn Sie die Befüllung erledigt haben, geht es jetzt los!

Wo wohnt eigentlich Ihre Puppe?

Tcha, jetzt lächeln Sie vielleicht. Aber auf diese Frage müssen Sie wirklich gefasst sein. Nun haben Sie zwei Möglichkeiten: 1. Sie denken sich eine Antwort wie z.B. „Bei mir im Haus. Da hat sie ein eigenes Zimmer" aus oder 2. Sie erschaffen einen Wohnort. Das kann ein passender Koffer sein – vielleicht finden Sie auch eine Tasche oder eine Kiste, die mit Stoff oben verschlossen ist. Dieses Behältnis nehmen Sie mit zum Auftritt, fische Ihre Puppe heraus und beginnen Ihre Aktivierung so. Das erspart Ihnen verständliche Fragen ohne sinnvolle Antwort von Ihnen.

Synchrone Mundbewegung ist ein Muss

Im oberen Bereich der Schulter unter dem Hals befindet sich im Stoff der Puppe der „Eingang" für Ihre Führungshand des Puppenmauls. Den Zugang finden Sie schnell und schlüpfen leicht hinein - bloß bei enorm großen Händen werden Sie Unterstützung durch Ihre andere Hand benötigen. Setzen Sie Ihre Puppe auf Ihren Oberschenkel und bewegen Sie dann Daumen und Finger der Hand im Klappmaul. Der Daumen spielt den Unterkiefer, die vier Finge den Oberkiefer.

Gut bei dieser Übung ist es auch, wenn Sie einen Spiegel zur Hilfe nehmen. Dann können Sie besser beobachten was Sie gerade tun. Weiter vorn im Buch haben Sie gelesen, dass die Wirkung der Aktivierung mit großen Handpuppen sehr viel mit der realistischen Spielweise zu tun hat. Gerade bei den Mundbewegungen können Sie recht schnell viel falsch machen. Fest steht: Der Mund bewegt sich nur, wenn die Puppe spricht, Geräusche macht oder sich mimisch ausdrückt! Alles andere wirkt unrealistisch und fällt Ihrem Gegenüber sofort auf, da die Puppe genau beobachtet wird.

Versuchen Sie einmal die Buchstaben des Alphabets zu sprechen. Konzentrieren Sie sich dabei auf Ihren eigenen Mund – Wie bewegen sich die Lippen? – Wie formen sie sich bei welchem Buchstaben? – und üben Sie diese Bewegungen mit Ihrer Puppe nachzumachen. Im nächsten Schritt versuchen Sie ganze Sätze. Nehmen Sie ruhig zuerst die einfachen Kennenlernsätze aus dem Kapitel 10-Minuten-Aktivierung mit Puppen. „Ich bin sechs Jahre alt – und Du?", „Wie heißt Du?" oder „Das kann ich auch!"

Wenn Sie eine Videokamera besitzen oder jemanden kennen, der Sie beim Üben mit dem Handy aufnehmen kann, bringt Ihnen das sehr schnell Feedback. Wenn es Ihnen peinlich ist, bleiben Sie bei Ihrem Spiegel. Wenn nicht, ist es eine perfekte Übung für Ihre ersten Auftritte und Aktivierungsrunden bei Senioren.

Alternativ können Sie sich zu Übungszwecken einfach einem Partner oder einer Partnerin gegenüber setzen und munter irgendetwas drauflos plappern. Achten Sie dabei stets auf die Mundbewegung – Ihr Gegenüber hat den gleichen Auftrag und wird Sie alarmieren, wenn Sie dies vergessen. Der Mund wird übrigens weiter geöffnet, wenn die Puppe lauter wird oder sogar schreit. Probieren Sie das einmal aus: Für einige Menschen ist die Übertreibung der ideale Einstieg. Runterfahren auf normale Lautstärke und Maulöffnung können Sie ja immer noch. Wenn Ihnen das so richtig Spaß macht, dann befinden Sie sich bereits auf dem richtigen Weg. Was jetzt noch fehlt ist der richtige und passende Blickkontakt zum Gegenüber.

Blickkontakt ist wichtig

Wie bei Kommunikation zwischen Menschen ist der präzise Blickkontakt zwischen Puppe und Gegenüber ganz besonders wichtig. Schauen Sie mit der Puppe am anderen vorbei, wirkt das Gesprochene nicht oder nur ein wenig. Das Komplizierte am Blickkontakt ist: Sie sehen die Augen Ihrer Puppe nicht. Ihre Fingerspitzen sind gewissermaßen Ihre Augen, die immerhin die Richtung angeben. Da Ihr Handgelenk beim Spielen und Sprechen etwas nach untern abgeknickt ist, wird es Ihnen am Anfang etwas schwer fallen. Hier hilft wieder nur Übung.

Position der Figur

Wenn Ihre Puppe auf Ihrem Oberschenkel sitzt, dann achten Sie beim Spielen bitte auch darauf, dass sie sitzen bleibt und nicht, weil Sie aufgeregt spielen, plötzlich beginnt in der Luft zu schweben.

Bei Ansprache Ihres Gegenübers richtet sich der Körper der Puppe auch nach vorn – beim Erschrecken weicht er zurück. Die Puppe darf auch auf Ihrem Oberschenkel liegen, bei Überraschung oder Schreck einfach umfallen usw. Den zahlreichen Möglichkeiten sind wirklich keine Grenzen gesetzt…

Bewegung der Puppenhand

Die spielbare Puppenhand ermöglicht Ihnen vieles. Sie können gestikulieren wie ein Mensch. Sie können zählen, die Puppenaugen bei Angst zuhalten, die Finger in den Mund nehmen oder einfach auch nur winken. Alles sind Möglichkeiten der Kontaktaufnahme resp. die Kommunikation zu unterstützen. Ausprobieren hilft Ihnen hier weiter.

Ironie ist fehl am Platz
Tipps zur Kommunikation mit Demenzpatienten

„Kommunikation ist alles", schrieb der weltbekannte Kommunikationspsychologe Paul Watzlawik in den achtziger Jahren. Weil Kommunikations-Regeln im Umgang mit Demenz-Patienten Besonderheiten aufweisen, folgen an dieser Stelle einige Ratschläge für Kommunikation mit Demenzpatienten.

Streit unbedingt vermeiden

Was für die Kommunikation zwischen gesunden Menschen ohnehin gilt hat auch seine Berechtigung in der Kommunikation mit demenzkranken Angehörigen oder Patienten. Eine tiefschürfende Argumentation zu beginnen, führt unweigerlich zu Rückzug oder gar zu aggressivem Verhalten. Lassen Sie dies und schneiden Sie zur Ablenkung andere

Themen an. Den Reiz für den aufkeimenden Streit haben die erkrankten recht schnell wieder vergessen. Mit dieser Strategie fahren Sie besser und erreichen wieder ein angenehmes und wertschätzenden Klima der Unterhaltung.

Ironie ist fehl am Platz

Wenn Sie in anderen Zusammenhängen gerne durch geistreiche Ironie glänzen, sollten Sie im Umgang mit Demenzkranken völlig darauf verzichten. Um ironische Bemerkungen vollends richtig zu verstehen sind deutlich mehr Gehirnaktivitäten und Denkschritte erforderlich als bei normaler Kommunikation. Ein Beispiel: Der Fußboden ist schmutzig, sollte gewischt werden und Sie sagen „Dein Boden sieht ja richtig gut aus!" Der Kranke versteht nur, dass der Fußboden gut aussieht und wird sich - wenn überhaupt - Gedanken über die Maserung oder das Muster des Teppichs machen. Auf eine erforderliche Reinigungsaktivität kommt dieser Mensch keinesfalls. Entdecken Sie Ihre Vorliebe für Kommunikation, die ankommt. Sagen Sie frei heraus, was Sie aussagen wollen.

Geduld muss Ihre höchste Tugend werden

Vor Jahrzehnten hat Thomas Mitscherlich, Sohn des weltbekannten Psychoanalytikers Alexander Mitscherlich, einen Dokumentarfilm über seinen alten Vater gemacht. Was jeder Zuschauer sofort lernen konnte war: Vater Alexander konnte seine Gedanken nicht mehr so schnell über die Lippen bringen wie einst bei seinen fantastischen wissenschaftlichen Vorträgen. Der Sohn meinte dazu, er habe ganz schnell begriffen, dass er sich auf diesen Umstand einstellen und seinem Vater mehr Zeit geben muss. Nur dann war erfolgreiche Kommunikation möglich. Mitscherlich war vielleicht nicht an Demenz erkrankt. Demenzkranke brauchen noch länger um die richtigen Worte für eine Antwort an Sie zu finden. Meine Bitte: Unterbrechen Sie sie nicht, geben Sie ihnen alle Zeit der Welt dazu. Wenn Sie den Eindruck haben, Sie wissen, welches Wort gesucht wird, dann können Sie natürlich helfen. Aber nicht sofort rhetorisch dazwischen grätschen.

Verwenden Sie kurze Sätze

Kommunikation geschieht nicht nur durch das gesprochene Wort sondern immer auch non-verbal wie durch Mimik, Gesten oder auch Körperhaltung. Beim gesprochenen Wort spielen auch Rhythmus und Tonfall eine Rolle. Allerdings wird der Körpersprache eine Wirkung -sprich ein Anteil- von 80 Prozent zugeschrieben. Nutzen Sie diese Erkenntnisse der Kommunikationswissenschaftler und verzichten Sie auf zu lange Sätze. Diesen können die Demenzkranken ohnehin nur schwer oder gar nicht folgen. Setzen Sie lieber Ihre Körpersprache zur Unterstützung wirkungsvoll ein. Das wird stets verstanden.

Aktives Zuhören unterstützt optimal

„Hm!", „Ja?", „Tatsächlich?" oder einfach nur ein bestätigendes Brummeln reichen bereits aus um dem gerade Gehörten Ihr Verstehen zu signalisieren. Nutzen Sie diese einfache Möglichkeit oft oder am besten immer. So empfinden die Erkrankten, dass ihre Signale (ihre Botschaft, Sätze, Aussagen) von Ihnen auch verstanden worden sind. Außerdem bestätigen Sie so Ihrem Kommunikationspartner seine Identität in der Situation. Glauben Sie mir: Nichts ist leichter als das!

Sie kommunizieren immer!

Der begnadete MIT-Psychologe Paul Watzlawik hat herausgefunden, dass wir immer kommunizieren. Seine Kernthese lautet: „Man kann nie nicht kommunizieren!" Das bedeutet auch, dass Sie, wenn Sie schweigen oder regungslos dastehen, eine Aussage senden. Da Sie nicht wissen wie diese Ihre Aussage aufgefasst wird, kann es inhaltlich und bezüglich des Fortgangs der Unterhaltung negativ ausgehen. Sorgen Sie dafür, dass Ihre Botschaft klar und deutlich ist. Überlassen Sie nichts dem Zufall!

Nicht zu viele Fragen stellen

In der Unterhaltung mit Demenzkranken empfiehlt es sich stets einen Bezug zur Aktualität herzustellen. Fragen Sie nicht nach Ereignissen, die vor fünf Jahren datiert sind. Darauf werden Sie keine Antwort erhalten - die Menschen sind einfach überfordert und werden abschalten. Ein echtes Erfolgsrezept ist die Kommunikation über die Dinge und Sachverhalte, die der erkrankte Mensch gerade aktuell in der Situation mit Ihnen spüren, riechen, hören oder sehen kann. Reden Sie darüber!

Oder über Dinge von ganz früher. Hier werden sie auch Antworten erhalten, denn die Erinnerung an „alte Zeiten" ist vorhanden. Generell empfiehlt es sich, nicht zu viele Fragen zu stellen. Erzählen Sie lieber etwas über sich oder was Ihnen gerade so wichtig und von Bedeutung ist. Grundsätzlich, möchte ich einfach behaupten, ist Demenzkranken Ihre bloße Anwesenheit wichtig. Sie müssen nicht immer mit Worten kommunizieren.

Nebengeräusche stören die Aufmerksamkeit

Wenn Sie sich mit Ihrem zu Pflegenden Menschen unterhalten, dann sorgen Sie bitte dafür, dass keine Nebengeräusche wie Fernseher, Radio oder Staubsauger die erforderliche Aufmerksamkeit stören und vom Inhalt der Unterhaltung ablenken. Wie bei jeder Kommunikation ist der Blickkontakt wichtig. Sie wissen ja: Die Augen sind der Zugang zur Seele. Ihre Sitzposition bei der Unterhaltung sollte idealerweise gegenüber sein. So steigern Sie die nötige Präsenz und erleichtern den Fluss der Kommunikation.

Auf keinen Fall Schulmeistern

Erkrankten fehlen zahlreiche Nervenverknüpfungen. Deshalb kann es zu Wort-Verwechslungen und Fehlern in der Kommunikation kommen. Bleiben Sie höflich und übersehen/übergehen Sie diese Fehler bitte großzügig. Wenn Sie sich ständig wie ein verbessernder Lehrer verhalten wird Ihre Kommunikation in Enttäuschung oder vielleicht auch Aggression münden. Und das kann ja unmöglich Ihr Ziel sein!

Emotionen aufgreifen und nicht gleich bewerten

Ihnen gelingt Kommunikation auch unter schwierigen Bedingungen, wenn auf die Körpersprache der dementen Person achten. Erste Regel sollte für Sie sein den erkrankten Mensch aus seiner Lethargie herauszuholen. Dies gelingt Ihnen durch direkte liebenswerte Ansprache und gerne auch durch einfaches Antippen oder sonstiges Berühren. Greifen Sie immer vorkommende Gefühle wie Freude oder Ärger auf. Freuen Sie sich mit und zeigen Sie Verständnis für aufkeimende Ärgernisse. Hier kann Ihnen die Lektüre des Buches „Gewaltfreie Kommunikation" von Marshall B. Rosenberg weiter helfen. Aus meiner Sicht ist eine seiner größten Thesen und Vorschläge in der Kommunikation nicht sofort Gehörtes oder Gesehenes zu bewerten, sondern nur das zu kommunizieren, was man gehört oder gesehen hat. Ein Beispiel: Jemand kommt zu spät zu einer Verabredung. Sie wissen nicht warum! Übliche vorwurfsvolle Aussage: „Mensch Michael! Du bist viel zu spät. Wir warten hier schon länger als eine halbe Stunde!" Sie wissen nicht, ob Sie dem Michael Unrecht getan haben. Vielleicht war er pünktlich unterwegs aber dann versagte sein Auto kurz vor dem Ziel Ihrer Verabredung. Vorschlag zur Güte: „Michael, ich sehe, Du bist jetzt da! Wie geht es? Nimm´ bitte gleich Platz!" So hat der Verspätete eine Möglichkeit sich zu äußern und wird nicht sofort durch Worte an die Wand gepresst.

Auch in Sachen Demenz helfen Ihnen Vorwürfe nicht weiter. Sogar bei Ängsten, die für Sie völlig aus der Luft gegriffen scheinen, müssen Sie entsprechend reagieren und den Fluss der positiven Kommunikation durch Verständnis, Empathie und Beruhigung begegnen. Sagen Sie niemals „Ist doch Quatsch. Der Mann im Fernsehen ist nicht echt. Das ist bloß ein Film!", wenn Ihr Patient meint, Columbo wäre wirklich in echt zu Gast in seinem Wohnzimmer. Auch bei Traurigkeit und Trauer müssen Sie einfühlsam reagieren und tiefes echtes Mitgefühl zeigen.

Tempo, Struktur und Wortwahl anpassen

Neben der Körpersprache spielt auch die Sprache sowie Sprechtechnik eine große Rolle in der Kommunikation. Im der Interaktion mit Dementen empfiehlt es sich, nicht zu schnell zu sprechen. Die Auffassungsgabe ist derart eingeschränkt so dass so bei Ihrem Gesprächspartner nicht wirklich viel ankommt. Ihre Botschaften sollten Sie sehr knapp halten: Verwenden Sie kurze Sätze. Diese sind leichter verständlich. Wenn Namen von z.B. Ihrem Neffen Michael im Gespräch durch Sie genannt werden, dann wiederholen Sie bitte in den weiteren Sätzen immer wieder den Namen Michael. Einfache Artikel wie „der" oder Worte wie „er" werden in den Folgesätzen möglicherweise nicht mehr dem Michael aus der ersten Information zugeordnet. Setzen Sie durch Pausen Akzente in Ihre Konversation. Das bringt Ihnen sehr viel Zeit zur Beobachtung der Reaktion und der Körpersprache Ihrer zu pflegenden Person. Inhaltlich empfehle ich Ihnen den Aufbau Ihrer Kommunikation ähnlich wie im Journalismus: Die 6 Ws (Was passierte?; Wer war dabei?; Wo passierte das?; Wann geschah das?; Wie war der Ablauf? und Warum passierte es?) bringen Sie weiter. Tipp: Setzen Sie das Wichtigste immer an den Anfang Ihrer Rede!

Stellen Sie besser geschlossene Fragen

Auch wenn die sogenannten offenen Fragen (Warum möchtest Du heute Deinen Nachtisch nicht essen?) zu den Erfolgsgeheimnissen in der Kommunikation und vor allem auch in der Beratung zählen, scheiden diese im Falle der Unterhaltung mit Demenzkranken aus. Bevorzugen Sie geschlossenen Fragen auf die nur mit „Ja" oder „Nein" zu antworten ist. (Willst Du Deinen Nachtisch essen?). So fließt die Kommunikation rascher vorwärts.

Nicht dauernd über Mankos nörgeln

Mit ihren Fehlleistungen sollten Sie Demenzkranke nicht andauernd konfrontieren. Dies führt zu Kränkungen - die Menschen fühlen sich hilflos und allein gelassen. Übersehen Sie es gelassen, wenn der richtige Knopf an der Fernbedienung auch nach der 100sten Erklärung Ihrerseits noch immer nicht bekannt zu sein scheint.

Wahnsinn und Fata Morgana: Bleiben Sie ruhig

Wahnvorstellungen, Halluzinationen und andere Sinnestäuschungen kommen bei vielen Demenzkranken vor. Oft sehen hören oder schmecken Demente Dinge, die es überhaupt nicht gibt. Meine Großmutter zum Beispiel hielt mich stets für ihren jüngsten Sohn, der zu dieser Zeit immerhin 20 Jahre älter als ich war. Auch mein Vater bekam eine andere Rolle zugedacht. Die korrekte Geruchswahrnehmung fand überhaupt nicht mehr statt. Übrigens: Der Scherz „Wer ist der fremde Mann im Spiegel?" am frühen Morgen im Badezimmer nach dem Aufstehen kann auch Wirklichkeit werden. Es kommt vor, dass Demenzkranke sich vor ihrem eigenen Spiegelbild erschrecken, dass ihr echtes Selbstbild mental nicht mehr vorhanden ist. Ihre Aufgabe ist es ruhig zu bleiben und den Kranken ein sicheres gutes Gefühl der Sicherheit zu vermitteln.

Höflich fragen: Nicht einfach unterbrechen

Oft gibt es Dinge zu klären, die mit den erkrankten besprochen werden müssen. Andererseits gibt es auch - und das zum Glück - Situationen in denen der kranke Mensch nicht in seiner Lethargie festhängt, sondern sich aus eigenem Antrieb mit etwas beschäftigt. Möglicherweise blättert er in einem Magazin o.ä. Bedenken Sie dabei: Das was der Demente gerade tut, ist für ihn aktuell das Wichtigste, und nicht das, was Sie gerade wollen. Sollte dies der Fall sein, dann fragen Sie bitte höflich nach, ob sie kurz einmal stören dürften - es gebe etwas zu besprechen. Und geben Sie dem Menschen etwas Zeit, bis Ihre Anfrage auch angekommen ist. Das braucht bei Dementen etwas länger als bei Gesunden. Einfach rein quatschen, stören ohne Anfrage - ist ein nicht wertschätzendes Verhalten. Und das sollte doch für Sie völlig aus der Welt sein, oder?

Humor ist, wenn beide lachen

„Gewitter, Blitze und Unwetter im Kopf": So könnte man die Zustände im Gehirn eines an Demenz erkrankten Menschen beschreiben. Die richtigen Worte fallen ihnen nicht mehr ein, es kommt öfters zu Verwechslungen oder zu langen Pausen, die eigentlich vermuten lassen, dass gestellte Fragen nicht gehört oder verstanden wurden. All das kann für Außenstehende tatsächlich auf den ersten Blick lustig sein. Wenn die Band, die das Lied „Let it be" sang plötzlich als "Die Pilze" bezeichnet wird, geben Sie zu, da kann man doch schon einmal schmunzeln. Bei alledem gilt eine Grundregel für Betreuende: Richtig lustig ist es erst, wenn beide Parteien lachen. Wenn es nur Sie sind, dann lachen Sie über den kranken Menschen, besser gesagt: Sie lachen ihn aus. Zeigen Sie Verständnis, verbessern Sie niemals und führen Sie ihn mit milden wohlmeinenden Tipps auf die richtige Spur. Auslachen ist meiner Meinung nach einfach völlig mies!

10 Minuten-Aktivierung mit Puppen

Der hier geschilderte Ablauf ist ohne Weiteres so in der angegebenen Reihenfolge realisierbar. Mit ist es ganz besonders wichtig, dass Sie meine Dialoge und Fragestellungen lediglich als Anreiz und Einstieg betrachten und nutzen. Wenn Sie damit beginnen, werden Sie schnell merken, dass Sie nach einigen Stunden in die Lage versetzt werden zu improvisieren und Ihre eigenen Fragen und Worte an der richtigen Stelle finden. Achten Sie dabei auf die Zeit, denn die zehn Minuten sollten nicht überschritten werden (s.o.).

In kursiver Schrift stehen meine „Regieanweisungen", die Verhalten von beiden Parteien angeben, festlegen oder im Falle der zu Aktivierenden erfahrungsgemäß mutmaßen. Die zu Aktivierenden heißen hier „Mensch", Sie „SpielerIn" und Ihre Puppe einfach „Puppe".

Reagieren Sie bei Ihrem Spiel mit Ihren eigenen Worten so wie Sie es für wichtig und (empathiemäßig) richtig empfinden. Genaue Antworten der zu Aktivierenden kann ich Ihnen nicht geben, sondern nur mögliche Beispiele.

Kontaktaufnahme mit Begrüßung

SpielerIn: Hallo Frau *Nachname*. Einen schönen guten Tag. Schauen Sie einmal, ich habe heute einen lieben Freund zu Besuch mitgebracht.

(holt Puppe aus Tasche, bewegt sie)

Mensch: Hm.

Dürfen wir uns zu Ihnen setzen?

(warten auf Antwort)

Mensch: Hm. Ja.

(Spieler und Puppe setzten sich gegenüber von Frau Nachname hin.)

Puppe: **Guten Tag Frau Nachname. Ich bin Kalle!**

(streckt die Hand zur Begrüßung aus, wartet bis Frau Nachname die Hand gegeben hat, wenn nicht - egal)

Schön dass ich heute bei Ihnen sein darf.

Mensch: Gerne.

Puppe: *(wartet auf Antwort, reagiert entsprechend)*

Wie heißt denn Du?

SpielerIn:	*(zu Kalle)*
	Darfst Du einfach so „DU" sagen?
Puppe:	**Darf ich, Frau Nachname?**
Mensch:	Ja, darfst Du.
Puppe:	**Danke schön. Und wie heißt Du nun?**
	(wartet auf Antwort, reagiert, wenn Vorname genannt wird)
Mensch:	Margarete heiße ich.
Puppe:	**Das ist aber ein besonders schöner Name!**
Mensch:	Danke schön!

Zählen und Alter

Puppe:	**Du Margarete, rate mal wie alt ich bin?**
Mensch:	Fünf Jahre?
Puppe:	*(hält Hand nach vorne und beginnt bis fünf zu zählen)*
	Du meinst eins, zwei, drei, vier, fünf Jahre?

Mensch: Ja, fünf.

Puppe: *(zeigt immer noch Hand mit fünf abgespreizten Fingern, schaut drauf und sagt:)*

Ich bin aber gar nicht fünf Jahre alt. Du musst nochmal raten.

Mensch: Na, dann sag´ ich zehn Jahre.

Puppe: *(zeigt immer noch Hand mit fünf abgespreizten Fingern, schließt die Finger, zählt dann von vorne bis zehn und sagt:)*

Jaaaaa! Du hast es geschafft. Ich bin genau zehn Jahre alt.

(Jubelt, bewegt sich vor Freude hin und her)

Du kannst ja wirklich toll raten!

Mensch: Ja.

Puppe: **Margarete, wie alt bist denn Du?**

Mensch: Sag ich nicht.

Puppe: **Soll ich jetzt mal raten?**

Mensch: Ja.

Puppe: *(fängt mit den Fingern an zu zählen, zählt laut mit, hört bei 25 auf, fragt skeptisch:)*

Du bist 39 Jahre alt?

Mensch: (lächelt)

39 Jahre, nein, das stimmt nicht.

Puppe: *(nimmt die Hand runter, schaut drauf, schüttelt den Kopf dabei)*

Dann ist meine Zähl-Hand kaputt. Darf ich nochmal raten?

Mensch: Ja, mach ruhig.

Puppe: *(schaut Mensch ganz konzentriert und musternd von oben bis unten an, sieht dann Gegenüber fest in die Augen)*

Jetzt hab´ ich´s: Du bist genau 72 Jahre alt!

Mensch: Na, fast richtig.

Puppe: **Nu sag´ schon, wie alt bist Du denn in echt?**

Mensch:	Ich bin 76 Jahre alt.
Puppe:	Das sind ja viele Jahre. Dann hast Du ja schon ganz ganz viel erlebt und kannst mir viel erzählen.
Mensch:	Ja, bestimmt.
Puppe:	*(schüttelt den Kopf)*
	Und ich dachte, ich hab´ schon so viel mitgemacht.
Mensch:	*(lächelt)*

Thema Kindheit als Fortsetzung

Puppe:	Margarete, Du musst mir unbedingt etwas verraten.
Mensch:	*(lächelt)*
	Was denn?
Puppe:	*(mustert sie erneut genau von oben bis unten)*
	Du warst doch früher auch einmal so jung und klein wie ich jetzt, oder?

Mensch: Ja sicher, ich war auch einmal klein.

Puppe: **Das ist schon so lange her, kannst Du Dich noch daran erinnern?**

Mensch: Ja, vielleicht?

Puppe: **Bestimmt. Wir machen ein Spiel. Ich frag´ Dich was, und Du antwortest mir. O.K.?**

Mensch: Ja.

Puppe: **Was war früher Dein Lieblingskuscheltier?**

Mensch: Ein Teddybär.

Puppe: **Toll! Konnte der auch brummen?**

Mensch: Und wie!

Puppe: **Wie denn? Mach´ mal nach. Brumm mal für mich.**

Mensch: Nein, jetzt noch nicht.

Puppe: **Na gut. Dann eben nachher. Dann brumme ich eben für Dich. Darf ich?**

Mensch: Ja.

Puppe: *(brummt wie ein Teddybär)*

War das ungefähr so?

Mensch: Na ja, fast.

Puppe: **Und was hast Du mit Deinem Teddy immer so gespielt?**

Mensch: Na, was man eben mit einem Teddy so spielt.

Puppe: **Erzähl doch mal!**

Mensch: *(erzählt)*

Puppe: *(geht darauf ein, stellt weitere Fragen)*

Puppe: **Eins muss ich unbedingt von Dir wissen: Warst Du als Kind artig oder frech?**

Mensch: Meistens artig.

Puppe: *(lacht)*

Meistens!

(lacht)

Ich bin auch immer artig.

(lacht immer noch)

Glaubst Du mir das?

Mensch: Hm – weiß nicht so genau.

Puppe: **Ich bin ganz oft frech, das ist viel lustiger. Und wann warst Du frech?**

Mensch: Weiß nicht mehr genau. Vielleicht bei meinen Schwestern.

Puppe: **Wie viele Schwestern hattest Du denn?**

Mensch: Drei Stück.

Puppe: **Drei – so viele? Ich habe keine einzige. Meine Eltern wollten bestimmt nur mich.**

Mensch: Ja, drei.

Puppe: **Dann war ja bei Dir zuhause immer richtig was los, oder?**

Mensch: Oh ja, jede Menge.

Puppe: **Waren die denn jünger als Du?**

Mensch: Ja, ich bin die Älteste.

Puppe: **Habt Ihr Euch eigentlich auch oft gestritten?**

Mensch: Na ja, schon öfters. Wenn man so immer zu viert daheim ist.

Puppe: **Was habt Ihr denn am liebsten zusammen gespielt?**

Mensch: Mit unseren Puppen. Das hat allen viel Spaß gemacht.

Puppe: **Habt Ihr die immer angezogen und gekämmt?**

Mensch: Ja, was man eben mit Puppen so macht.

Puppe: **Aber das war doch nicht alles. Habt Ihr auch einmal Streiche gemacht?**

Mensch: *(lacht)*

Ja klar. Oft.

Puppe: **Das musst Du mir erzählen. Was denn für Streiche?**

Mensch: *(berichtet von einem Streich mit ihren Schwestern)*

Puppe: Und wurdest Du auch einmal deswegen bestraft?

Mensch: Ja, leider.

Puppe: Wie denn? Was war Deine Bestrafung?

Mensch: Wir mussten ohne Abendbrot ins Bett, wenn wir frech zu unserer Mutter waren.

Puppe: Oh weh! Dann lagst Du mit knurrendem Magen und Hunger im Bett?

Mensch: Ja.

Puppe: Das war bestimmt schlimm.

Mensch: Ja, ganz schlimm. Manchmal haben wir alle vier deswegen geweint.

Puppe: Aber trotzdem habt Ihr wieder Streiche gemacht?

Mensch: Ja. Irgendwie schon. Ich weiß auch nicht mehr warum.

Puppe: Vielleicht hat es Euch Spaß gemacht andere an der Nase herum zu führen?

Mensch: Vielleicht.

Puppe: **Wer war eigentlich Deine beste Freundin?**

Mensch: Das war Hedwig aus meiner Klasse. Hedwigs Mutter konnte im ganzen Dorf am besten Kuchen backen.

Puppe: **Und Du hast gerne Kuchen gegessen?**

Mensch: Ja, ess´ ich auch heute noch gerne.

Puppe: **Welchen Kuchen magst Du denn am liebsten?**

Mensch: Schwarzwälder Kirsch und Marmorkuchen.

Puppe: **Lecker. Schwarzwälder Kirsch. Leeeecker!**

(schaut sich nach rechts und links-um, ist plötzlich ganz aufgeregt)

Kuchen, wo gibt es hier Kuchen?

Mensch: Nachher zum Kaffee.

Puppe: **Ich bleib´ hier. Will auch Kuchen.**

Mensch: Mach´ doch.

Puppe: **Wie hieß die Tochter von der Mutter, die immer so leckeren Kuchen gebacken hat?**

Mensch: Meine Freundin hieß Hedwig.

Puppe: **War die Hedwig genau so alt wie Du?**

Mensch: Nein, die war zwei Jahre älter.

Puppe: **Und Ihr wart damals in der geleichen Schulklasse? Wie geht das denn?**

Mensch: Ja. Ich war in einer Dorfschule mit einer Klasse für alle Jahrgänge.

Puppe: **Eine Klasse für alle? Das gibt´s heute bestimmt nicht mehr, oder?**

Mensch: Weiß ich nicht, Früher war das eben auf dem Land so.

Puppe: *(schüttelt ungläubig den Kopf)*

Tzis, tzis, tzis: Sachen gibt´s, die gibt´s gar nicht.

Mensch: Hm.

Puppe: **Hattest Du einen Lehrer oder eine Lehrerin?**

Mensch: *(antwortet)*

Puppe: **War das Dein Lieblingslehrer/Deine Lieblingslehrerin?**

Mensch: *(antwortet)*

Puppe: **Wie hieß denn Dein Lieblingslehrer/Deine Lieblingslehrerin?**

Mensch: *(antwortet)*

Puppe: *(lacht)*

Das ist ja ein lustiger Name. Willst Du wissen wie mein Lieblingslehrer heißt?

Mensch: Ja.

Puppe: **Sein Name ist Heinzmann. Lustig, oder?**

Mensch: Wirklich lustig.

Puppe: **Wir nennen ihn aber immer Heinzelmann. Das finden wir lustig.**

(lacht)

Und wie hieß Dein blödester Lehrer?

Mensch: *(antwortet)*

Puppe:	**Warum habt Ihr ihn blöd gefunden? Was hat er immer gemacht – euch verprügelt?**
Mensch:	*(antwortet)*
Puppe:	**Das war aber ehrlich nicht nett von dem. Ich kann Dich verstehen. Ich habe auch einen blöden Lehrer – in Rechnen. Der hat auch noch einen echt blöden Namen. Willst Du wissen wie der heißt?**
Mensch:	*(antwortet)*
Puppe:	**Der heißt Herr Morgeneier. Wie findest Du seinen Namen?**
Mensch:	*(antwortet)*
Puppe:	**Genau. Und der spricht auch so komisch. Ich glaube er kommt aus Sachsen. Kannst Du auch auf Sächsisch reden?**
Mensch:	Ja, ein bisschen.
Puppe:	**Klasse! Versuchs mal!**
Mensch:	Was soll ich denn sagen?
Puppe:	**Sag´ mal Morgeneier auf Sächsisch!**

Mensch: *(versucht es)*

Mörgenäijer.

Puppe: *(freut sich, nickt zustimmend mit dem Kopf, zeigt mit der Hand „Daumen hoch")*

Ja! Genau so redet der. Genau so! Fein gemacht.

Mensch: *(reagiert)*

Puppe: **Ich habe eine tolle Idee. Lass uns den Namen Morgeneier mal zusammen auf Sächsisch sagen. Machst Du mit?**

Mensch: Ich versuche es.

(Beide sprechen gemeinsam:)

P. und M.: **Mörgenäijer.**

Puppe: **Ja! Los, noch mal! Gleich dreimal!**

P. und M.: **Mörgenäijer, Mörgenäijer, Mörgenäijer.**

Puppe: *(lacht, freut sich, gestikuliert)*

Wenn der Herr Morgeneier das wüsste, was wir beide hier gemacht haben.

Mensch: *Ja, das wäre was.*

Puppe: **Mensch Margarete! Weißt Du was das eben war?**

Mensch: Nö.

Puppe: **Wir beide haben eben – wir haben zusammen dem Morgeneier einen Streich gemacht. Und das Beste ist…**

Mensch: Was denn?

Puppe: **Wir werden dafür garantiert nicht bestraft. Hi hi hi!**

Mensch: Nö, werden wir nicht.

Puppe: **Margarete, mit Dir macht mir das hier richtig viel Spaß. Dir auch?**

Mensch: *Ja, Du bist lustig.*

Puppe: **Bin ich aber nicht immer. Manchmal habe ich auch Angst, dann bin ich überhaupt nicht lustig. Hast Du auch schon einmal Angst gehabt?**

Mensch: *(antwortet)*

Puppe: *(geht darauf ein, erzählt dann weiter)*

Einmal hatte ich ganz dolle Angst. Bei meiner Oma in Hessen gibt es eine Höhle. Und da sind wir rein, mein Freund Atze und ich. Da war es plötzlich ganz dunkel und niedrig. Wir sind links rum und rechts rum gekrabbelt. Und dann wieder links rum und so weiter. Am Ende wussten wir gar nicht mehr wie wir zurück finden sollten. Schlimm, oder?

Mensch: Ja, schlimm.

Puppe: Hast Du Dich auch schon einmal verlaufen?

Mensch: *(erzählt)*

Puppe: *(hakt nach, stellt dazu Fragen)*

Bei meiner Oma auf dem Dorf habe ich mich beinahe noch einmal verlaufen. Da war ich raus aus dem Dorf in den Feldern. Hab´ aber wieder zurück gefunden. Weiß Du was ich da gesehen habe?

Mensch: Nö.

Puppe: Ein Kaninchen. Das ist mir einfach vor den Füßen lang gehoppelt. Ich hätte so gerne so ein Kaninchen zu

Hause. Hattest Du früher ein Haustier?

Mensch: Im Haus nicht. Aber draußen auf dem Hof.

Puppe: *(fragt nach, geht darauf ein)*

Was waren denn das für Tiere? Auch Kaninchen?

Mensch: Ja, Kaninchen waren auch dabei.

Puppe: **Mein Freund hat kein Kaninchen, aber viele Fische. In einem großen Aquarium. Die sind ganz bunt und sehen schön aus.**

(zeigt mit der Hand)

Die schwimmen dauernd hin und her. Wenn ich kleiner wäre würde ich am liebsten mit denen mit schwimmen. Ich kann nämlich schon schwimmen. Hast Du früher Schwimmen gelernt?

Mensch: Nein.

Puppe: **Das ist aber schade. Sonst könnten wir beide zusammen mit dem Fahrrad ins Freibad fahren.**

Puppe: Wann bekamst Du eigentlich Dein erstes Fahrrad?

Mensch: Mit zwölf Jahren.

Puppe: Und lass mich raten: Du bist immer mit Hedwig zusammen Rad gefahren?

Mensch: Ja, und später auch mit meinen Schwestern.

Puppe: Und- seid Ihr auch im Dunkeln gefahren?

Mensch: Ja – mit Licht.

Puppe: Hattest Du keine Angst im Dunkeln?

Mensch: Manchmal schon.

Puppe: Und was hast Du dann gemacht?

Mensch: Hm?

Puppe: Wenn ich im Keller Kartoffeln für meine Mama holen muss, dann singe ich immer ganz laut vor mich hin. Schon auf der Treppe da runter ist es ganz dunkel und schwarz, wenn das Licht kaputt ist.

Mensch: Ui Jui Jui!

Puppe:	Ja, genau. Und das Schlimmste ist: Dort gibt es ganz viele Spinnen. Hattest Du auch Angst vor Spinnen als Du klein warst?
Mensch:	Ja, ein bisschen.
Puppe:	Ja, und manche haben ein Kreuz auf dem Rücken und sehen ganz gefährlich aus.
Puppe:	Angst ist schon ganz schön doof. Sag´ mal Margaret: Hattest Du als Kind auch Angst vorm Zahnarzt?
Mensch:	Nö, hab immer gut geputzt.
Puppe:	Mach´ ich auch, hab´ aber trotzdem Angst. Hast Du schon mal die Zangen gesehen, die der das so rumliegen hat?
	(schüttelt sich bei dieser Vorstellung)
	Oh Mannomann!
Mensch:	Ja, die kenne ich. Hab aber trotzdem keine Angst davor.
Puppe:	Na, Du bist ja richtig mutig. Ich bin nur in der Schule mutig, wenn

der Morgeneier mich was fragt. Weiß
Du wie ich da mutig bin?

Mensch: Nein.

Puppe: Weil ich dem immer antworte. Auch
             wenn ich nicht sofort weiß was 17
             mal 23 ist.

(kichert)

Jugend und Beruf

Puppe: Was hast Du eigentlich nach der
             Schule gemacht?

Mensch: Gearbeitet habe ich dann.

Puppe: Und was hast Du gearbeitet?

Mensch: In einer Druckerei.

Puppe: Und war da Dein Job? Was musstest
             Du tun?

Mensch: Gedruckte Sachen verpacken.

Puppe: Und wie viel hast Du damals ver-
             dient?

Mensch: 250 Mark im Monat.

Puppe: **250 Mark. Gab es bei Dir früher keinen Euro.**

Mensch: Nein, es gab Mark.

Puppe: **Und war 250 Mark viel für Dich?**

Mensch: Für mich war es gut.

Puppe: **Und was hast Du mit Deinem Geld gemacht? Bis Du am Wochenende ins Kino gegangen?**

Mensch: Manchmal mit meinen Schwestern.

Puppe: **Und was hast Du sonst so am Wochenende gemacht?**

Mensch: Manchmal war ich Tanzen.

Puppe: **Hast Du da auch einen Jungen/ein Mädchen kennen gelernt?**

Mensch: Ja, hab´ ich.

Puppe: **Und wie war sein Name.**

Mensch: Hans hieß der.

Puppe: **War der Hans Dein erster Freund?**

Mensch: Na ja, ich glaube schon.

Puppe: Und wie war der – war der nett?

Mensch: Ja, sehr nett war der zu mir.

Puppe: Hast Du den/die auch gleich geheiratet so wie meine Mama meinen Papa?

Mensch: Nein, geheiratet habe ich später einen anderen.

Puppe: War der besser?

Mensch: (lacht)

Ach Du. Du bist mir schon einer…

(usw.)

Ende der Aktivierung

Puppe: Au weia Margarete. Jetzt haben wir so lange geredet. Da habe ich doch glatt die Zeit vergessen, so schön war das mit Dir. Hast Du eine Uhr an?

Mensch: Nö. Hab´ keine.

Puppe: Und wie krieg ich jetzt heraus wie spät es ist?

SpielerIn:	Ich habe eine.
Puppe:	Toll. Und wie spät ist es?
SpielerIn:	Es ist XX:XX Uhr.
Puppe:	*(schaut SpielerIn an)*
	Dann müssen wir jetzt los, oder?
SpielerIn:	Ja, ich meine schon.
Puppe:	Margarete – es hat Spaß gemacht mit Dir: Danke schön.
Mensch:	Bitte schön.
Puppe:	Darf ich Dich wieder einmal besuchen?
Mensch:	Ja gerne.
Puppe:	*(reicht die Hand zum Abschied)*
	Tschüss, mach´s gut.
Mensch:	Auf Wiedersehen!
SpielerIn:	Tschüss, bis bald!

(Puppe schlüpft in Tasche, SpielerIn geht ab)

-Ende-

Märchen-Raten

Dieses Märchen-Raten können Sie an jeder Stelle Ihrer 10-Minuten-Aktivierung einbauen oder sogar eigenständig anbieten und durchführen. In diesem Rahmen serviere ich Ihnen lediglich einige Beispiele. Weitere können Sie sich selbst ausdenken.

Rotkäppchen

Puppe: **Wie heißt das bekannte Märchen, bei dem ein rotes Käppchen eine Rolle spielt?**

(Bei richtiger Antwort loben)

Genau. Spannend ist das mit dem Wolf, der einfach die Großmutter und das Rotkäppchen gefressen hat, oder?

(Bei falscher oder keiner Antwort Märchen kurz zusammenfassend mit zwei-drei Sätzen erzählen)

Froschkönig

Puppe: **Wie heißt das bekannte Märchen, bei dem ein Frosch eine goldene Kugel einer Prinzessin aus einem Brunnen heraus holt?**

(Bei richtiger Antwort loben)

Genau. Und dann wollte der Frosch für immer bei der Prinzessin leben.

(Bei falscher oder keiner Antwort Märchen kurz zusammenfassend mit zwei-drei Sätzen erzählen)

Die Bremer Stadtmusikanten

Puppe: **Wie heißt das bekannte Märchen, bei dem mehrere Tiere nach Bremen wandern wollen um dort gemeinsam Musik zu machen?**

(Bei richtiger Antwort loben)

Toll, richtig. Und dann kamen die bösen Räuber und hatten keine Chance gegen die Musikanten.

(Bei falscher oder keiner Antwort Märchen kurz zusammenfassend mit zwei-drei Sätzen erzählen)

Hänsel und Gretel

Puppe: Wie heißt das bekannte Märchen, bei dem Bruder und Schwester im dunklen Wald gegen eine Hexe kämpfen?

(Bei richtiger Antwort loben)

Ja, völlig richtig. Die Hexe wollte Hänsel sogar aufessen.

(Bei falscher oder keiner Antwort Märchen kurz zusammenfassend mit zwei-drei Sätzen erzählen)

Der Wolf und die sieben Geißlein

Puppe: Wie heißt das bekannte Märchen, bei sieben Geißlein von einem Wolf bedroht werden?

(Bei richtiger Antwort loben)

Ja, gut geraten. Das kleinste Geißlein konnte der Mutter verraten, was passiert war. Der Wolf hatte es in der großen Uhr nicht gefunden.

(Bei falscher oder keiner Antwort Märchen kurz zusammenfassend mit zwei-drei Sätzen erzählen)

Vom Fischer und seiner Frau

Puppe: **Wie heißt das bekannte Märchen, in dem die Frau eines Fischers nie genug bekommen kann?**

(Bei richtiger Antwort loben)

Ja, prima. Am Ende des Märchens saß die Frau wieder in der alten Fischerhütte.

(Bei falscher oder keiner Antwort Märchen kurz zusammenfassend mit zwei-drei Sätzen erzählen)

Das tapfere Schneiderlein

Puppe: **Wie heißt das bekannte Märchen, in dem ein Schneider Fliegen erschlägt?**

(Bei richtiger Antwort loben)

Ja, prima geraten. Und alle hatten Furcht vor dem Schneiderlein, weil sie „Sieben auf einen Streich" falsch verstanden hatten.

(Bei falscher oder keiner Antwort Märchen kurz zusammenfassend mit zwei-drei Sätzen erzählen)

Aschenputtel

Puppe: **Wie heißt das bekannte Märchen, in dem ein Mädchen in altem Kleid Asche aus dem Ofen sammeln muss?**

(Bei richtiger Antwort loben)

Ja, toll gemacht. Und später hat sie doch Glück gehabt und ihren Prinzen gefunden.

(Bei falscher oder keiner Antwort Märchen kurz zusammenfassend mit zwei-drei Sätzen erzählen)

Der Teufel mit den drei goldenen Haaren

Puppe: **Wie heißt das bekannte Märchen, in dem drei goldene Haare eine Rolle spielen?**

(Bei richtiger Antwort loben)

Ja, richtig toll. Und am Ende wurde aus dem König für immer ein armer Fährmann.

(Bei falscher oder keiner Antwort Märchen kurz zusammenfassend mit zwei-drei Sätzen erzählen)

Frau Holle

Puppe: **Wie heißt das bekannte Märchen, in dem eine Frau es durch das Kissenaufschütteln auf der Welt schneien lässt?**

(Bei richtiger Antwort loben)

Ja, richtig toll. Und am Ende bekam die Faule ihr Pech weg.

(Bei falscher oder keiner Antwort Märchen kurz zusammenfassend mit zwei-drei Sätzen erzählen)

Tischlein deck dich

Puppe: **Wie heißt das bekannte Märchen, in dem eine Ziege sagt „Ich bin so satt, ich mag kein Blatt, mäh, mäh, mäh?"**

(Bei richtiger Antwort loben)

Ja, prima geraten. Und am Ende jagte die Ziege einen Fuchs noch gehörig Angst ein.

(Bei falscher oder keiner Antwort Märchen kurz zusammenfassend mit zwei-drei Sätzen erzählen)

Schneewittchen

Puppe: **Wie heißt das bekannte Märchen, in dem ein Mädchen in einer Kiste aus Glas schläft?**

(Bei richtiger Antwort loben)

Ja, sehr gut geraten. Und am Ende geht es doch prima für sie aus.

(Bei falscher oder keiner Antwort Märchen kurz zusammenfassend mit zwei-drei Sätzen erzählen)

Schneeweißchen und Rosenrot

Puppe: **Wie heißt das bekannte Märchen, in dem zwei Rosenbäumchen eine Rolle spielen?**

(Bei richtiger Antwort loben)

Ja, gut geraten. Und zum Schluss heiraten Schneeweißchen und Rosenrot ihre Liebsten.

(Bei falscher oder keiner Antwort Märchen kurz zusammenfassend mit zwei-drei Sätzen erzählen)

Rapunzel

Puppe: **Wie heißt das bekannte Märchen, in dem ein Mädchen im Turm wohnt und ganz lange Haare hat?**

(Bei richtiger Antwort loben)

Ja, fein geraten. Und zum Schluss kommt Rapunzel wieder mit ihrem Königssohn zusammen.

(Bei falscher oder keiner Antwort Märchen kurz zusammenfassend mit zwei-drei Sätzen erzählen)

Dornröschen

Puppe: **Wie heißt das bekannte Märchen, in dem ein Mädchen für 100 Jahre hinter einer Dornenhecke schläft?**

(Bei richtiger Antwort loben)

Ja, fein geraten. Und zum Schluss wachen alle wieder auf und Dornröschen heiratet ihren Königssohn.

(Bei falscher oder keiner Antwort Märchen kurz zusammenfassend mit zwei-drei Sätzen erzählen)

Über den Autor
Mehr als zehn Jahre Bühnenerfahrung

Neben Kinderarmut, Krebs und Ungerechtigkeit bei der Verteilung der finanziellen Mittel in der Weltbevölkerung stellen sich für mich die Krankheiten Alzheimer und Demenz als künftig immer mehr zunehmende Bedrohung für die Menschen dar. Dies betrifft die Erkrankten UND ihre Pflegerinnen und Pfleger in Einrichtungen. Ganz besonders groß sind die Belastungen auch für die pflegenden Angehörigen Daheim.

Als ich die Worte „In unserer Gesellschaft bleibt uns nichts anderes übrig, als dement zu werden" des bekannten Neurobiologen Dr. Gerald Hüther in einem Vortrag hörte, erkannte ich das Ausmaß dessen, was in den kommenden Jahren diesbezüglich auf unsere Gesellschaft zukommen wird. Ich beschloss mich einzubringen, zu helfen. Doch das „Was" und „Wie" war mir anfänglich nicht klar. Was brachte ich dazu schon besonderes mit? O.K.: Ein Jahrzehnt Theatererfahrung mit eigener Bühne in Berlin, Schattenspiel und Lesungen in Schleswig-Holstein, eigene Bearbeitung von Märchenstücken, recht gute Kompetenz im Figurenbau, solide Programmierkenntnisse in Java und Python, ausgeprägtes technisches und elektronisches Verständnis und letztendlich – ich vergaß es fast – ein abgeschlossenes Studium der Soziologie und Psychologie. „Damit muss doch etwas zu machen sein", dachte ich mir.

Die Turbulenzen meiner Arbeitsbiografie ließen mein Ansinnen vorerst in den Hintergrund treten.

Lange Jahre war ich als Dozent, Coach und Lehrer im Einsatz für Menschen. Erneut Kontakt aufgenommen haben das Thema „Demenz" und ich vor einigen Jahren. Ich war verantwortlich für die berufliche Weiterentwicklung von Menschen, die sich beruflich verändern wollten. Im Angebot war auch die Schulung als Betreuungskraft nach §53c SGB XI. Selbstverständlich informierte ich mich genau über Lerninhalte und Berufschancen und – Schwupps – da war mein Thema wieder.

Nach umfangreichen Recherchen wuchs mein Plan schneller als ich Mind-maps und Notizen schreiben konnte. Dann stand mein Konzept für die Werkstatt für Therapiepuppen und Märchen endlich fest.

Therapiepuppen und Märchen
Darstellung meines Werkstattprojekts

Entwickelt werden im Projekt Therapiepuppen und einfache Handpuppen mit Spielanleitungen für Betreuer. Großes Fernziel sind intelligente Figuren für Erkrankte zum Liebhaben, die gleichzeitig z.B. auch den Zustand des Elektroherdes überwachen können oder erzählen können. Angeregt wurde ich dazu durch die Demenzpuppe Seerobbe Robby. Hier gibt es bei mir im Projekt seit Mitte des Jahres 2017 erste Erfolge, die allerdings noch nicht serienreif und öffentlich sind.

Das weitere Angebot erstreckt sich über 10-Minuten-Aktivierung für Senioren mit großen Handpuppen, auf demenzgerechte Märchenerzählungen, Erfindung von Nestelprodukten wie Decken, Kissen und Spielen, die Erarbeitung von Literatur (wie z.B. dieser Publikation hier) sowie die Durchführung von Kursen zur Anleitung des Puppenspiels mit großen Handpuppen und Wendepuppen. Selbstverständlich kommt der Märchenerzähler auch zu Kinderveranstaltungen und Stadtfesten aller Art.

Bei allen Einsätzen im Zusammenhang mit Demenz ist es wichtig, dass ich über Kenntnisse dieser Erkrankungen und der bestehenden Hygienevorschriften verfüge.

Surftipps zu meinen Webseiten
Therapiepuppen, Märchen und Demenz

Jeder, der Zugang zum Internet hat, kann sich über die Themen Märchen, Demenz und Therapiepuppen umfassend informieren. Internetbuchhändlerliefern über Märchen und Märchenerzählen zahlreiche Treffer. Eigentlich standen hier Surftipps über vier Seiten und sechs Seiten mit passender Literatur.

Schließlich habe ich alles gelöscht und beschränke mich nun auf zwei Internetadressen, die unmittelbar mit mir zu tun haben. Zum einen ist es mein Blog mit Informationen zur Kommunikation mit Demenzerkrankten und die Rolle von Puppen **http://hilfe-bei-demenz.blogspot.com.** Diesen Blog füttere ich nach Möglichkeit wöchentlich mit Texten, damit meine Leser auf dem neuesten Stand sein können.

Der zweite Tipp bezieht sich auf meine Projekt-Homepage **http://www.therapiepuppen-und-maerchen.de.** Hier finden Sie alle Informationen über Vergangenheit und Zukunft meiner Werkstatt für Therapiepuppen und Märchen. Zusätzlich stehen dort auch meine Kontaktdaten, falls Sie mich als Märchenerzähler oder Kursleiter für das Spiel mit großen Handpuppen engagieren wollen. Von dort gibt es auch einen direkten Verweis zum Blog.

Ich freue mich auf Ihren Besuch in der digitalen Welt!

Woher kommen die Puppen?
Bezugsmöglichkeiten für große Handpuppen

Nachfolgend finden Sie drei Hersteller, die große Handpuppen herstellen.

Beachten Sie bitte beim Puppenkauf die Größe Ihrer Hände. Ich empfehle Ihnen den Kauf einer Puppe mit einer Mindestkörpergröße von 60 cm.

Es existieren auch Modelle mit nur 35cm Körpergröße. Diese sind sicherlich für Menschen mit kleinen Händen (Kinder z.B.) sehr gut spielbar. Menschen mit großen Händen - so wie ich es bin - haben damit wahrscheinlich Probleme.

FOLKMANIS PUPPETS®
Europe
Jochen Heil
Am Haag 11 c
97234 Reichenberg
http://www.folkmanis-and-more.de

Living Puppets®
Matthies Spielprodukte GmbH & Co. KG
Kurt A. Körber Chaussee 64
21033 Hamburg
http://www.living-puppets.de

The Puppet Company Ltd.
Units 2-4 Cam Centre
Wilbury Way
Hitchin, Hertfordshire, SG4 oTW, UK
http://www.thepuppetcompany.com

Literaturverzeichnis
Tipps zum Weiterlesen

Bettelheim, Bruno; Kinder brauchen Märchen. 4. Auflage, Stuttgart 1980

Cameron, Julia; Der Weg des Künstlers. Ein spiritueller Pfad zur Aktivierung unserer Kreativität, München 2000

Gauda, Gudrun; Theorie und Praxis des therapeutischen Puppenspiels. Lebendige Psychologie C.G. Jungs, Dortmund 2001

Johnstone, Keith; Improvisation und Theater. Die Kunst, spontan und kreativ zu agieren, 8. Auflage, Berlin 2006

Möller, Olaf; Große Handpuppen ins Spiel bringen: Technik, Tipps und Tricks für den kreativen Einsatz in Kindergarten, Schule, Familie und Therapie, Ökotopia Verlag, Münster 5. Auflage 2011

Möller, Olaf; Starke Stücke für Große Handpuppen: Spielideen für Kindergarten, Schule, Familie und Therapie, Ökotopia Verlag, Münster 1. Auflage 2013

Steinmann, P.K.; Die Theaterfigur auf der Hand. Grundlagen und Praxis, Frankfurt 2004